CATALOGUE

DES

GENTILSHOMMES

D'ARTOIS

FLANDRE ET HAINAUT

QUI ONT PRIS PART OU ENVOYÉ LEUR PROCURATION AUX ASSEMBLÉES DE LA NOBLESSE
POUR L'ÉLECTION DES DÉPUTÉS AUX ÉTATS GÉNÉRAUX DE 1789

Publié d'après les procès-verbaux officiels

PAR MM.

LOUIS DE LA ROQUE ET ÉDOUARD DE BARTHÉLEMY

PARIS

E. DENTU, LIBRAIRE
AU PALAIS-ROYAL

AUG. AUBRY, LIBRAIRE
16, RUE DAUPHINE

1865

AVERTISSEMENT.

Les trois provinces d'Artois, de Flandre et de Hainaut, que nous réunissons dans une même livraison, étaient désignées très anciennement sous le nom de Pays-Bas, ou Flandre occidentale (1). Elles passèrent successivement sous la domination des maisons de France, d'Alsace, de Hainaut, de Dampierre, de Bourgogne et d'Espagne, et ne firent retour à la couronne de France que sous Louis XIV.

L'Artois, érigé en comté par Saint-Louis en faveur de son frère Robert, qui fut tué à la bataille de la Massoure, en 1249, fut cédé à la France par le traité des Pyrénées, en 1659.

Le comté de Flandre, conquis par Louis XIV, lui fut assuré avec une partie du Hainaut par le traité de Nimègue, en 1680. Il se divisait en Flandre maritime, dont les villes principales étaient Bailleul, Dunkerque, Hazebrouck, et en Flandre wallonne, avec Lille, Orchies et Douai. C'est dans cette dernière ville que siégeait le Parlement de Flandres, institué en 1686.

La Généralité de Lille comprenait dans sa juridiction la Flandre et l'Artois. Le bureau des finances de Lille avait été créé par édit de 1691, pour suppléer à la plupart des fonctions de l'ancienne Chambre des Comptes, instituée par Philippe le Hardi, duc de Bourgogne, en 1385, qui s'était retirée sur les terres de la domination espagnole lors de la prise de Lille, en 1667. Ce tribunal tenait

(1) Les armes d'Artois étaient : « Semé de France, au lambel de trois pendants de gueule, chargés chacun de trois châteaux d'or. » Ces neuf châteaux rappelaient, dit-on, les grandes et anciennes châtellenies de la province.

Les armes de Flandre étaient : « D'or au lion de sable, armé et lampassé de gueule. »

Les comtes de Hainaut portaient : « Chevronné d'or et de sable. »

ses séances dans les bâtiments de l'ancienne Chambre des Comptes.

Les libertés provinciales étaient fortement organisées dans chacun de ces pays d'Etats par le concours des trois ordres, et on a fait remarquer avec raison que les Flandres perdirent pendant la Révolution plus de libertés qu'elles n'en gagnèrent.

Ces trois provinces étaient alors, comme aujourd'hui, la portion la plus riche et la plus peuplée du royaume. Elles ont formé deux départements : le Nord et le Pas-de-Calais.

Paris, 15 février 1865.

CATALOGUE

DES

GENTILSHOMMES D'ARTOIS

BAILLIAGE D'ARRAS.

Procès-verbal de l'Assemblée générale des trois ordres de la gouvernance d'Arras, comprenant les bailliages secondaires d'Aire, Bapaume, Béthune, Hesdin, Lens, Saint-Omer, et Saint-Pol (1).

20 avril 1789.

(*Archiv. imp.*, B. III. 11, p. 507-534.)

Adrien-Louis, duc de Guines, lieutenant général des armées du Roi, chevalier de ses ordres, ci-devant son ministre en Prusse, et son ambassadeur en Angleterre, chef de la division d'Artois, gouverneur général, faisant les fonctions de grand bailli d'épée.

Hubert-Antoine-Joseph Cauwet de Bally, conseiller du Roi, lieutenant général au bailliage royal et gouvernance d'Arras.

Ange-Alexis-Aubert Le Soing, conseiller du Roi, et son procureur audit bailliage.

NOBLESSE.

Le duc de Guines, président.
Vaillant, secrétaire.

(1) Nous croyons devoir faire observer qu'un certain nombre de familles nobles d'Artois ont pu ne pas figurer dans ces assemblées pour cause d'absence, de maladie ou d'abstention.

L'orthographe des noms qui composent cette liste a été revue et collationnée sur l'*Almanach historique et géographique de la province d'Artois* de 1789; — V. encore le *Nobiliaire d'Artois* publié par M. Borel d'Hauterive, dans l'*Annuaire de la noblesse*, 1856-1857.

Commissaires de l'Assemblée :

Le comte de Cunchy.
Le comte de Beaufort.
Briois de Beaumetz.
Le duc de Monbazon.
Le comte Charles de Lameth.
Le marquis de Créquy.
Le comte de Croix.
Bouquet de la Comté.

Le procès-verbal de l'assemblée particulière de la noblesse constate l'appel des membres présents ou chargés de procuration, mais ne donne pas leurs noms. La liste que nous publions est empruntée au *Cahier des instructions et pouvoirs donnés par la noblesse d'Artois à ses députés aux États-Généraux.* (B. III. 12, p. 48-54.) Pour suppléer à ce que cette liste peut offrir d'incomplet quant aux noms et qualifications nobiliaires, nous donnerons à la suite de ce procès-verbal la nomenclature des familles convoquées aux États d'Artois de 1788-1789.

Commissaires pour la rédaction du cahier des doléances :

Foassier de Ruzé.
Dubois de Fosseux.
Le Sergeant d'Isbergue.
Charles de Lameth.
Briois de Beaumetz.
Le duc de Monbazon (Rohan).
Le marquis de Croix.
Le marquis de Créquy.
Le comte de Cunchy (1).

Etaient signés :

Le duc de Guines, président.
De Beugny de Pomeru.
Le marquis d'Alciaty.
Le chevalier de Bavre.
De Beauvarlet.
De Beugny de Bondus.
De Beaulaincourt.
Bouquet de Beauval.
Bouquet de la Comté.
Boudeau de Mengrival.
Fromentin de Gommecourt.
Cacheleu de Nœux.
Prier Cardon d'Ouvrin.
Chomel de Montfort.
Christian-Marie-Oudart, vicomte de Couronnel.
Le comte de Creny.
Le comte de Croix.
De Hanon de la Bucaille.
Hellemeuse de Berry.
Dambrines de Ramcourt.
Damiens de Ranchicourt.
De Hault de Veault.
Le chevalier des Lyons de Moncheaux.
Desmaretz d'Hersin.
Doujon de Saint-Martin.
Boucher de Marolles.
Dourlens.
Durand.
Le Febvre de Trois Marquets.
Le François du Fretel, père.

(1) Plusieurs membres de la noblesse s'étant retirés, ces trois derniers gentilshommes qui avaient été nommés commissaires et qui avaient concouru à la rédaction du cahier ne l'ont pas signé, étant du nombre de ceux qui se sont retirés. (*Note du procès-verbal.*)

De Fourmestreaux de Pas.
Fromentin de Forestel.
De Jouffroi de la Cressonnière.
Le Merchier de Bois Hullin.
Le chevalier du Pire d'Hinges.
De Beugny d'Agerue.
Blin.
Blin de Grincourt.
Blin de Grincourt, fils.
Blin, major de l'Ile-de-France.
Boislet de Cardamois.
Boisguillon de Frescheville.
De Beaumont.
Bruneau de Beaumetz.
Fromentin de Suretet.
Huleux de Souchet.
Giroult de la Brosse.
Godefroy.
Gosse de Louez.
Gosson de Rionval.
Goyer de Sennecourt.
Dambrines.
Hémart de Moimure.
Huvignot de Bourghelle.
Le chevalier de Lalbenque.
Lallart, chevalier de St-Louis.
Lallart de Bretelle.
Lallart de Bucquière.
Alexandre de la Meth.
Le Caron de Cannetemont.
Le Caron de Sains.
Enlart de Grandval.
Enlart de Poithier.
De Francon de Felel, fils.
Le Jay de Milly.
Le Mayeur de Simencourt.
Le Merchier de Renaucourt.
Le Merchier de Carieuil.
De Lencquesaing.
Quarré de Boiry.
Le Rique de Violaine.
Le vicomte de Marles.
Le Roy d'Heurtebise.
Le Roux de Puysieux.
Le Roux du Châtelet père.
Le Roux du Chatelet, fils.
Le Sergeant d'Acq.
De Sar.
Taffin de Givinchy.
De Lochet de Tortefontaine.
Adrien Fontaine.
Adrien-François de Longueval.
Adrien de Longueval de la Vasserie.
De Malet, baron de Coupigny.
Marc de Saint-Pierre.
Le baron de Minighin.
Noizet de Saint-Paul.
Le chevalier de Saint-Paul.
Depan de Wisques.
Taffin de Hocquet.
Thiébault, doyen du conseil d'Artois.
Joly de Sailly.
Wartel d'Ertencourt.
Werbier d'Aulyreuil.
Vaillant, secrétaire.
Quarré d'Hennaville.
Le Rique de la Bousse.
Raulin de la Vasserie.
De Raulin de Murenel.
De Raulin de la Mothe Quierry.
Ruault de Bernicourt.
Ruault de Cambronne.
Le Sergeant de Bayenghen.
Le Sergeant de Monnecove.
Lio de Guzelinghen.
Taffin de Gœulzin.
J. J. de Longueval.
De la Vaissière d'Ancre.
Le président de Madre.
De Marbois de Norent.
Le marquis de Marescaille.
De Milly.
Rouvroy de Libessart.
Pourra.
Prevot de Woilly.
Thery de Gricourt.
De Valicourt.
De Wirquin.
Werbier de Chatenay.
Du Wicquet de Rodelinghen.

Noms des gentilshommes qui signèrent la protestation relative aux prérogatives de la noblesse des États d'Artois. (1).

29 avril 1789.

(*Archiv. imp.*, B. III. 11, p. 634-640.)

Deslyons de Noircarmes.
Briois de la Mairie.
Le marquis de Servins.
Le baron de Vitry.
Le marquis de Verquigneul.
Le comte de Béthune.
Le comte de Malet de Coupigny.
De Tramecourt.
Le comte de Siougeat.
Sandelin de Delettes.
D'Hoston.
Le marquis de Louverval.
Le chevalier de Clément.
De Saint-Marc.
De Hautecloque.
Le comte de Lannoy.
Le comte de Brandt de Galametz.
Obert de Grévilliers.
Le marquis de Bacquehem.
Le chevalier de Gantès.
Le comte de Marles.
Le baron d'Aix de Rémy.
Gargan de Rollepot.
Le baron du Pire d'Hinges.
Le vicomte de Coupigny.
Le comte de Bryas.
Le baron d'Angouvard.
Créquy.
Le marquis de Bertoult.
Le comte de Beaufort.
Le comte de Thiennes.
Le marquis de Couronnel.
Le comte de la Bucquière.
De Nelle.
De la Porte de Vaulx.
Le marquis de Bassecourt.
D'Hespel d'Harponville.
Le marquis de Salperwick.
Le baron de Contes des Granges.
Le marquis du Hamel Bellenglise.
Le marquis de Trazegnies.
Le comte de Sainte-Aldegonde.
Le comte de Neuville.
De Briois de Verdiègne.
De Raulin.
Fleschin.
Le prince de Berghes.
Le baron de Wasservas.
Le baron de Beaufort.
Le comte de Cunchy.
Le Sergeant de Hendecourt.
Le marquis d'Havrincourt.
Hubert d'Humières.
Le baron de Diot (Dion).
Le marquis de Croix.
Bernard de Calonne.
Thieulaine de Pas.
Le marquis de Pressy-Fontaine.
Le marquis de Bryas et de Royon.
Le marquis de Dyon de Malfiance.
Fleschin.
De Dyon ou Dion.
Le comte Alexis de Lannoy.
Le chevalier de Briois d'Angre.
Le comte Charles de Lannoy.
Le chevalier de Briois de Montgobert.
De Belvalet d'Humerœul.
Le chevalier de Hautecloque.
Le comte d'Havrincourt.

Les conclusions de cette protestation furent combattues par le comte Alexandre-Victor de Lameth, membre de l'Assemblée des États.

(1) Cette protestation fut lue par M. le comte de Cunchy dans la séance de l'Assemblée particulière de la noblesse du 29 avril 1789.

Cette liste a été revue sur celle de l'assemblée particulière de la noblesse. Il faut ajouter aux noms précédents ceux de

MM. le duc de Rohan-Monbazon.
De France.
De Malet-Coupigny.
Le comte Alexis de Lannoy.

Liste des personnes qui ont été convoquées par lettres de cachet du Roi du 17 novembre 1788 à l'assemblée des États d'Artois, dont l'ouverture s'est faite le 26 décembre 1788.

29 déc. 1788-21 janvier 1789.

NOBLESSE (1).

Le duc de Guines, lieutenant général des armées du Roi et gouverneur de cette province.
Esmangart, intendant de Flandre et d'Artois;
Briois, premier président et chef du conseil provincial, commissaires du Roi.

Le comte de Cunchy, de Fleury.
De Coupigny, de Fouquières.
De Belvalet, marquis d'Humerœul.
Le marquis de Couronnel, de Barastre.
De Preudhomme d'Ailly, marquis de Verquigneul.
Le comte de Ghistelles, de Serny.
Le marquis de Crény, de Baillœul.
Le comte de Beauffort, de Moulle.
Le comte de Laizer, de Siougeat.
Le comte d'Aumale, de Liévin.
De Montmorency, prince de Robecq.
De Tournay d'Assignies, comte d'Oisy.
Le Sergeant, d'Hendecourt.
Le comte de Lannoy, de Caucourt.
Boudart, marquis de Couturelle.

(1) Il fallait être noble de six générations et être Sgr de paroisse ou église succursale pour avoir entrée aux Etats. Les gentilshommes y avaient date sans distinction de grade ni de qualité du jour de leur admission et première convocation.

Le comte de Lannoy, d'Hestrus.
Le comte de Sainte-Aldegonde, de Noircarmes, de Bours.
De Latre d'Ayette, comte de Neuville.
Dupire, baron d'Hinges.
De Pronville, d'Haucourt.
De Gosson, de Barlin.
Le baron de Dion, de Wandosnes.
Le baron d'Aix, de Remy.
Le marquis de Bacquehem, du Lietz, de Drouvin.
De Chivot, de Coullemont.
Le comte de Sainte-Aldegonde, de Cléty.
Le comte de Béthune, de Nédon.
Briois de la Mairie, d'Angre (*alias* baron d'Angre).
De Gargan Rollepot, du Monchel.
Le marquis de Ghistelles Saint-Floris, vicomte d'Herny Saint-Julien.
Le marquis d'Aoust, baron de Cuincy.
Testart de Campagnes lez Hesdin.
Le marquis de Bertoult, d'Hautecloque, baron d'Œuf.
Le comte de Trazégnies, de Bomy.
Le Ricque, de Marquais.
De Créquy, marquis d'Hesmont.
Le marquis de Maulde, de la Buissière.
Le comte de Mérode, de Mametz.
Le marquis de Coupigny, de Lignerœul.
Le marquis de Salperwick.
Le marquis d'Havrincourt.
De Nelle, de Lozinghem.
Dostrel, baron de Flers.
De Landas, comte de Louvignies, de Coin.
Sandelin, de Delettes.
Obert, de Grévillers.
De Thieulaine, d'Hauteville.
Le maréchal duc de Duras.
Le marquis de Croix d'Heuchin.
Le prince de Béthune, marquis d'Hesdigneul, comte de Noyelles-sous-Lens.
Le marquis de Bassecourt, de Fontaines-les-Boulans.
Le marquis d'Armolis, d'Avion.
De Hautecloque, de Wail.
Le comte de Sainte-Aldegonde, de Noircarmes, de Draucourt.
Le marquis de Hamel-Bellenglise, de Bouret-sur-Canche.
De Marce, de Manin.
De Partz, marquis d'Esquires, de Pressy.
Le comte de Thiennes, de Boidinghem.
De France, comte d'Hézecques.
Le comte de Wavrin-Villers au Tertre, marquis de Cambrin.
Le baron de Wasservas, d'Haplincourt.
De Bernard, de Calonne Ricouart.
D'Aoust, marquis de Jumelles, de Bourcheul.
Le baron Deslyons, du Locon.

De Castillon, baron de Saint-Victor, de Courières.
Duval de Saint-Martin Glise.
Le comte de Bryas, de Royon.
Le comte de Béthune, d'Auchel.
Le marquis de Beaufort, de Mondicourt.
Le chevalier de Gantès, de Fontaines-les-Croisilhes.
De Gennevières, de Vielfort, de Vendin.
De Briois, de Werdrecques.
Le comte de Bryas-Bryas.
Le comte de Brandt, de Galametz, de Marconne.
Le marquis de Berghes, de Querne.
Le baron de Vitry, de Vitry dit Nœux.
Doresmieulx, de Foucquières.
Le marquis d'Estourmel, baron de Sailly au Bois.
Deslyons, de Zudausque.
Le comte de Gand, de Vraucourt.
Le baron de Plotho, de Favreul.
De Rischoufftz, de Manin.
Le marquis de Castéja, de Burbure.
Duquesnoy, d'Escœulle.
Le baron de Contes, des Granges, de Planques.
Le comte de la Basecque, de Saint-Amand.
De Cuinghem, de Regnauville.
Le marquis de Fleschin, de Wamin.
Le comte de Thiennes de Rumbecq, de Terraminil.
Le Josne Contay, de Capelle sur la Lys.
Le marquis de Nédonchel, de Brouäy.
Moullart, de Tilly Capelle.
Blondel, de Beauregard, de Noyelles sous Bellonne.
Le duc de Lévis, d'Avesnes le comte.
Le marquis de Servins, d'Aubrometz.
Le comte de Marles, de Vaudricourt.
Le vicomte de Tenremonde, de Ransart.
Le marquis de Roquelaure, de Mory.
Payen, comte de la Bucquière, de Brebière.
Le marquis de Harchies, de Béalencourt.
Le baron de France, de Buire au bois.
De la Porte, de Vaulx.
Louverval, de l'Espinoy.
Le chevalier de Harchies, de Saint-Martin au Laert.
Le baron de Nédonchel, de Gouve.
Dartois, de Campagne les Boulonnois.
Raulin de Belval.
Le marquis de Carondelet, ancien baron de Noyelles et vicomte de Langle.
De Tramécourt, de Tramecourt.
Le vicomte de Coupigny, de Nourœul.
Le baron de Beauffort, d'Hanescamps
Le baron d'Angouwart (*alias* Hangouwart).
Le Clément, de Saint-Marq de Souich.

Le comte Le Merchier, de Creminil, de Moringhem.
De Hoston, de Tatinghem.
Hubert, d'Humières.
D'Hespel, d'Harponville, de Saint-Martin sur Cojeul.

Morts.

De Hoston, de Fontaine, de Campagne les Wardrecques.
De Boulongne, de Vacquerie le Boucq.
Hubert de Mons en Barœul, d'Humières.

Secrétaire du corps de la noblesse.

Herman père, avocat d'Arras.

(*Almanach de l'Artois*, 1789.)

LISTE DES DÉPUTÉS DES TROIS ORDRES

AUX ÉTATS-GÉNÉRAUX DE 1789.

Le Roulx, curé de Saint-Pol.
Behin, curé d'Hersin Coupigny.
Boudart, curé de la Couture.
Diot, curé de Ligny-sur-Canche.

Le duc de Guines, élu, non acceptant.
Briois de Beaumetz.
Le comte Charles de Lameth.
Le Sergeant d'Isbergue.
Le comte de Croix.
Le baron de Coupigny, suppléant.
Le chevalier des Lyons de Moncheaux, suppléant.

Payen, cultivateur de Boiry-Becquerel.
Brassart, avocat.
Fleury, fermier à Coupelle-Vielle.
Vaillant, garde des sceaux du conseil d'Artois.
De Robespierre (Maximilien), avocat.
Petit, cultivateur.
Boucher, négociant et banquier.
Dubuisson d'Inchy, agriculteur propriétaire.

GOUVERNEMENT MILITAIRE.

ARTOIS.

Le duc de Guines, gouverneur général et commandant en chef.

Lieutenants généraux :

Le comte de Rochambeau. Le comte de Sommièvre.

Lieutenants de Roi :

Le duc de Guines. Le comte de Neuville.

Lieutenants des maréchaux de France :

Le comte de Harchies, chevalier de Saint-Louis, à Saint-Omer.
Le Sergeant d'Isbergue, à Saint-Omer.
Pelet de Vindal, à Saint-Omer.
Le Vasseur de Bambecque, chevalier de Saint-Louis, à Aire.
Le Rique de Marquais, à Béthune.
D'Haudoire (Haudouart) de Thièvres, chevalier de Saint-Louis, à Arras.
Le Vaillant Du Châtelet, à Arras.
De Belval, à Hesdin.
Le marquis de Mons-en-Bareuil, à Lens.
Gosson de Rionval, chevalier de Saint-Louis, à Lens.
Le chevalier de Fiennes de Santricourt, à Saint-Paul.
Le Locher, chevalier de Saint-Louis, à Hesdin.
Le chevalier de Hennault, à Bapaume.

Gouvernements particuliers :

Arras...............	Le marquis de Juigné, gouverneur.
	Fénis de la Combe, lieutenant de Roi.
	De Thieulaine, major.
Citadelle............	Le marquis de Lambert, gouverneur.
	De Montgon, lieutenant de Roi.
	Bayet de Vaugrenant, major.
Saint-Omer..........	Le chevalier de Beauteville, gouverneur.
	De Saint-Cernin, lieutenant de Roi.
	Lafitte de Caupenne, major.
Château.............	Varlet de Brule, commandant.
Aire, ville et château.	Le prince de Robecq, gouverneur.
	Ramsault de Tortonval, lieutenant de Roi.
	De Forget, major.

Fort Saint François.	Le chevalier de Lannoy-Beaurepaire, commandant.
	De la Provenchère, major.
Bapaume............	Le duc de Liancourt, gouverneur.
	De la Haye, lieutenant de Roi.
	Le chevalier de Vasservas, major.
Hesdin.............	Le marquis d'Havrincourt, gouverneur.
	Le comte de Siougeat, lieutenant de Roi.
	De Cacheleu, major.
	Le chevalier de Maupeou, gouverneur.
Béthune............	Le comte de Beaulaincourt, lieutenant de Roi.
	De Bournet, major.
Saint-Venant.......	Le marquis de la Roche-Aymon, gouverneur.
	Le chevalier de Colomé, lieutenant de Roi.
	De Bregeot, major.

CONSEIL PROVINCIAL D'ARTOIS (1).

Présidents :

Bon-Albert Briois, chevalier, premier président.
Joseph-François-Régis de Madre, second président.
François-Joseph Briois, président honoraire.

Chevaliers d'honneur :

Le Sergeant d'Hendencourt.
Wattier, sieur d'Aubincheul.
Bataille, chevalier honoraire.

Conseillers :

Marie-François-Maximilien Thiébault, doyen.
Jacques-Ignace-Ferdinand Rouvroy de Libessart.
Pierre-François-Joseph-Marie Dourlens.
Maximilien-Antoine-Hubert Hémart.
Benoît-Joseph-Élzéar Maurant-Desmaretz.
Jean-François-Joseph-Hubert Thellier.
Jules-François-Joseph Lemaire.
Louis-Joseph Audefroy.
Ferdinand-Antoine-Joseph Saladin de Terbecque.
Mathias-Remi-Joseph Watelet.

(1) Les membres du conseil d'Artois avaient la noblesse acquise et transmissible au premier degré, après vingt années d'exercice. (*Edit. de nov.* 1775.)

Jean-Robert-Thomas-Benoit-Joseph Lefebvre de Trois-Marquets.
Antoine-Philippe-Henri Masse de la Frenoy.
Nicolas-René-Gosse de Louez.
Pierre-Louis Lecocq.
Baudelet d'Haute-Fontaine.
Le Roux du Chatelet.

Conseillers honoraires :

Adrien-Philippe-Augustin Dambrines.
Louis-Léonard de Beugny de Bondus.
Jean-Baptiste-Joseph Wartel.
Louis-Sébastien-François Stoupy.
Le Roi d'Hurtebize.
Jacques-Louis-Nicolas Vaillant.

Gens du Roi :

Auguste-Joseph-Marie Foacier de Ruzé, avocat général.
Grégoire-Joseph-Marie Enlart de Granval, procureur général.

Substituts :

Amand-Martial-Joseph Herman de Boiswarin.
Albert-Marie-Joseph Asselin de Willencourt.
Antonin-Joseph-Marie Develle, greffier en chef.

CHANCELLERIE DU CONSEIL PROVINCIAL (1).

Secrétaires du Roi :

1787. Le Roux du Chatelet, garde des sceaux.
Louis-Léonard de Beugny de Bondus, honoraire.
Jacques-Louis-Nicolas Vaillant, chevalier, honoraire.

Audienciers :

1774. Gabriel-François-Chrisol Honnet de Courtefroy, à Bavay.
1780. Michel-Louis Bouraine, à Étampes.
1782. Jacques-Philippe-Augustin Reytier fils, à Arras.
1786. Joseph Pairemontaud.

(1) La chancellerie d'Artois est à l'instar de toutes les chancelleries près les Cours souveraines du royaume : mêmes finances, mêmes gages, mêmes priviléges, ne faisant ensemble qu'une seule et même classe, jouissant des mêmes degrés de noblesse que les officiers de la grande chancellerie. (*Alman. histor. et géog. d'Artois*, p. 72.)

Contrôleurs :

1776. Philippe du Mont des Rivières, à Vire, en Normandie.
Charles-Henri-Mathieu Thierrion-Maillefer, à Reims.
1778. Jean-Joseph Desmarestz-Danvillers-les-Forges, à Valenciennes.
1783. Jean-Joseph Chevarier d'Idogne, à Gannat, en Auvergne.

Secrétaires du roi ordinaires.

1760. Nicolas-Bernard-Pierre Taverne, à Dunkerque.
1767. Pierre-Gilles Chanlaire, à Vassy-en-Champagne.
1767. René-François-Constant d'Ange d'Orsay, lieutenant de roi, à Loches en Touraine.
1770. Nicolas Beauné de Beaugrand, à Saumur.
1773. François de Bray, à Amiens.
1774. Charles-Philippe Bequin de Nampont, à Abbeville.
1777. Jacques-Antoine-Léonard du Pont de Moringhem, à Saint-Omer.
1778. Jean-Furcy-Fidèle de Haussy de Guyenval, à Péronne.
1780. Nicolas Costé de Bagneaux, à Orléans.
1783. Jean-Baptiste Chartier de Beaulieu.
1784. Jean-François Waast-Truffier.
Jean Lebret, à Bordeaux.
1786. Pierre-Joseph Willemetz du Samer, à Arras.
1788. Despinoy, à Valenciennes.

Honoraires.

Lallemant, à Rouen.
Goyer, à Doullens.
Nicolas Moyen de Lescamoussier, à Reims.
Lefebvre de Vadicourt, à Abbeville,
Le Roux du Châtelet, à Arras.
Houzé, à Amiens.

(*Almanach historique et géographique d'Artois en* 1789.)

BAILLIAGE D'ARTOIS.

Le comte de Brandt de Galametz, grand bailli d'épée.
Hubert-Antoine-Joseph Cauwet, lieutenant général.
François-Toussaint-Paul Toffart, lieutenant particulier.
Luc-Gilles-Joseph Ozenne, lieutenant-général honoraire.

Philibert-Augustin-Hubert Lesage, avocat du Roi.
Ange-Alexis-Aubert Le Soing, procureur du Roi.
Waast-Gilles-Joseph Le Cointe, substitut.
Rocourt, greffier en chef.

Carion, président de l'Election provinciale.
Pierre-Denis Caulet de Wassigny, grand maître des eaux et forêts.
Louis-Dominique-Eustache de Lanquesaing (Lencquesaing), grand bailli de Saint-Omer.
Le Maire de Bellerive, lieutenant général à Saint-Omer.
Huguet de Sémonville, grand bailli de Tournheim.
Alexandre-Guislain Dupire, baron d'Hinges, grand bailli de Béthune.
Werbier du Hamel, grand bailli d'Aire.
Lefebvre, écuyer, Sgr de Lassuze, grand bailli de Lens.
Harduin, grand bailli de Bapaume.
De Salperwick, marquis de Grigny, grand bailli héréditaire d'Hesdin.
Raulin de Belval, gouverneur et sénéchal de Saint-Pol.
De Larsé, grand bailli de Pernes.
Dufour, bailli de Fruges.
Toffart, grand bailli de Lillers.
Desruelles, bailli de Saint-Venant.
Asselin de Willencourt, grand bailli d'Aubigny.
De Nerbec, grand bailli de Dunkerque.
Le vicomte de Vaudreuil, grand bailli de Bourbourg.
Le comte de Béthisy, vicomte chatelain héréditaire.

GÉNÉRALITÉ DE FLANDRE ET D'ARTOIS

(PAYS D'ÉTAT.)

1783. Charles-François-Hyacinthe Esmangart, chevalier, Sgr de Montigny, des Bordes, de Feynes, de Pierrerue, etc., conseiller du Roi en tous ses conseils, maître des requêtes honoraire de son hôtel.

BUREAU DES FINANCES.

1777. Du Chambge, premier président.
1780. Dusart d'Ecarne, *alias* du Sart d'Escarne.
1777. Imbert de la Phalecque, chevalier de Saint-Louis, chevalier d'honneur.

Trésoriers de France :

Bonnier Dumetz.
Leleu.
De Fontaine de Resbecq.
Regnault.
Goudard de Canville.
Wattelet d'Assinghem.
De Lagarde.
Baillieu.
Beaugrand.
Ricourt.
Quecq de Sevelinges.
Legillon de Montjoie
Quecq d'Henripret.

Trésoriers de France honoraires :

Breckvelt de la Rive.
Bonnier.
Becquet.
Quecq de la Chérye.
De Fontaine.
Bernard de Meurin.

Gens du Roi :

1775. Malus, procureur du Roi.
1777. Le Blanc, substitut.
1767. Castellain, greffier en chef.

Receveurs généraux des finances :

De Launay.
Thibault.
Villette de la Louvelais.
Perrinet de Tauvernay.
Le Dien de Grandfort.
Gamonet de Berval.

CHAPITRES NOBLES DE DAMES.

BOURBOURG.

Pour être admise il fallait prouver sa noblesse depuis l'an 1400. Cette preuve était de rigueur. Pour la rendre valable il fallait produire un acte du quatorzième siècle.

La Reine, première chanoinesse.
La comtesse de Coupigny d'Henu, abbesse.
La comtesse de Basselers, *aliàs* Bachelaire, prieure.

De Drack.
De Drack de la Corenhuise.
Hinnisdal de Fumal.
De Saint-Marc.
D'Héricourt.
D'Assignies.

De Coupigny de Beaumetz.
De Dion.
De Conte.
Patras de Campaigno.
De Berne de Longvilliers.
De Berne ou de Bernes.
De Torcy.
Moullart d'Authy.

DENAIN.

Les preuves étaient de huit quartiers de noblesse ancienne et militaire, tant du côté paternel que du côté maternel.

1783. Madame de Jaucourt, abbesse.

Du Chastel.
De Vanderbruch
D'Assignies.
De Verquignœul.
De Beaufort.
De Pont de Rennepont.
De Cassigna.
De Croix.
De Croix de Bucquoy.
Dubois.
Dubois d'Escordal.
De Beaufort de Mondicourt.
De Ghistelles.
De Lannoy.
De Lannoy.
De Wasnes.
De Coucy.
De Watignies.
De Chastenay.

ESTRUN.

Les preuves étaient de huit quartiers de noblesse, dont quatre du côté paternel, et quatre du côté maternel.

De Gennevierres de Samette, abbesse.

CATALOGUE

DES

GENTILSHOMMES DE FLANDRE

BAILLIAGE DE BAILLEUL.

Procès-verbal de l'Assemblée générale des trois ordres du bailliage de la Flandre maritime, séant à Bailleul, et comprenant les bailliages secondaires de Bourbourg, Dunkerque, Gravelines, Bergues, Cassel, Estaires, Hondschoote, Merville, Moeres et la Wastine (1).

30 mars 1789.

(*Archiv. imp.* B. III, 20, p. 42, 54-59, 76.)

Ildefonse-Joseph Maloteau, chevalier, Sgr de Beaumont, grand bailli d'épée au bailliage royal de Flandre.

Jean-Baptiste-Joseph Cuvilier, conseiller du roi et son avocat audit siége.

NOBLESSE.

Mgr de Montmorency (Anne-Joseph-Alexandre) prince de Robecq, comte d'Estaires, grand d'Espagne de première classe, chevalier de l'ordre du Saint-Esprit, commandant général de la Flandre et lieutenant général des armées du Roi.

(1) Nous croyons devoir faire observer qu'un certain nombre de familles nobles de Flandre ont pu ne pas figurer dans ces assemblées pour cause d'absence, de maladie ou d'abstention.

Cette liste a été revue sur le procès-verbal de l'Assemblée particulière de la noblesse publié par M. E. de Coussemaker dans le *Bulletin du comité flamand de France*, 1862, t. II, n° 16, 373-381.

Mgr Anonime de Montmorency, marquis de Morbecq, chevalier de Saint-Louis, lieutenant général des armées du Roi.

— Le comte de Beaufort, Sgr de Moule.

— De Godefroy, Sgr de la Gloriette.

Le marquis d'Esquelbecque et Ledringhem, capitaine de cavalerie.

— Le chevalier d'Esquelbecque.

Le marquis de Baeghem, Sgr de Caestre, (membre des Etats d'Artois).

Le marquis d'Archie *alias* Harchies, (capitaine au régt de Bresse) Sgr de Drinkam.

— De Stappens, Sgr d'Ebblinghem,

— Dussart, Sgr d'Ussart (du Sart)

Le marquis de Morbecq (Montmorency).

— Le comte de Lauraguais, Sgr de Warneton-France.

— Van der Cruice, Sgr de Worvie.

Taverne de Montdhyver.

— De Nédonchel (le marquis) Sgr d'Ochtezeele.

— Thomas-Joseph Enlart de Guemy.

Du Portal (chevalier de Saint-Louis, capitaine du génie).

— De Ghesquière de Stradin, Sgr de Niepe.

— Le marquis de Louverval, Sgr de Noortpeene.

Le comte de Blaringhem.

— De la Bazèque, Sgr de Kemmelhof.

— Le baron de Nédonchel, Sgr d'Hoflande.

Le comte de la Bucquière, Sgr d'Hoflande.

Ghys.

— Van Cappel de Briarde, Sgr de West-Cappel.

— Dame de Herbais de Taffin de Tilques, épouse séparée quant aux biens de messire Guillain-François de Taffin, écuyer, Sgr de Hocquet, etc.

Taverne de Saint-Antoine.

— De Joigny de Pamele, Sgr de Lynde.

Claeys de Vanderhulst (Clays van der Hulst).

— Le chevalier de Croeser, Sgr de Balincourt.

— Dlle Baudine, dame d'Houdenhem.

Liot de Norbecourt.

— De Hoston, Sgr de Fontaines.

— Doresmieulx, Sgr de Wytbrouck.

De Balincourt, Sgr de Verbois (chevalier de Saint-Louis, ancien capitaine au régt de Languedoc),

— De Cardevac, Sgr de Wallon-Cappelle.

— De Pan, Sgr de Wisque.

Gitof Zylof, Sgr de Staenbourg.

— Lauwereyns de Berghendale.

Lenglé de Schoebeque, Sgr de Zuytpeene.

— Le Febvre, Sgr de Renescure.

— Le marquis de la Viefville de Steenvoorde.

Lenglé de Moriencourt, colonel du génie, chevalier de Saint-Louis.

— Herts, Sgr des Mottes.

— Dlle Herts.

Winoc Lenglé de Westover (subdélégué au département de Bailleul).

— De Westover, conseiller au parlement de Douai.

— Duhamel (du Hamel, Sgr de Canchi).

Lenglé, grand-maître des eaux et forêts, Sgr de Pennynck-Brouch.

— Dame Rosalie de Warlette, dame de Liennes, veuve douairière de M. de la Fraingue, écuyer, Sgr de Lannoy, dame de la Clytte.

— Potteau, Sgr de Ledinck.

Coppens, Sgr de Hondschoote.

— De Chambge, Sgr de Frévillers, propriétaire de trois fiefs.

— De Lyon, Sgr de la Deuille et Cocquerelle.

Lauwereyns, capitaine du génie.

— Le baron de Boonaert, Sgr de Suynlande en Houtkerke.

— Ghesquière, Sgr de Groene-Straete.

De Fruict, Sgr d'Oosthoke (Oosthove).

De Lameth, Sgr de Coorenhuyse.

— Le Josne-Contay, Sgr de Versigny.

— Pierre-Joseph-Constant Gaillard, Sgr de Blerville.

Balthazar, Sgr de Bamarde.

— Dlle Dubuyssy, dame du Secq (de Buissy du Secbois).

— De Chalencourt, Sgr de Drooghland.

Le baron d'Arfeuille.

— Carton (Cardon), Sgr de Wenziezeele (Winnezeele).

Keignaert, Sgr de la Laeghe.

— Keignaert, son père, Sgr de Katsberg.

Lauwereyns, chevalier d'honneur au présidial de Flandre.

Taverne de Niepe.

— Taverne, son père, Sgr de l'Ypreau.

— De Heere, Sgr de Beauvoorde.

Pierre-Nicolas-Marie Taverne, Sgr de Coudecasteele de Saint-Antoine.

Le chevalier de Dreuil (chevalier de Saint-Louis, ancien capitaine au régt de Chartres).

De Cannowet (Conway), chevalier de Saint-Louis (capitaine d'infanterie).

Augustin Lauwereyns.

Bernard Coppens.

— Sandelin, Sgr d'Equerdes.

— Le baron d'Elbecq, Sgr de Volkerinkove.

Laurent Coppens, procureur du Roi à l'amirauté de Dunkerque.

— Vandrelynde (Van der Lynde), Sgr d'Oudenhove.

— Dlle de Buisson, dame de la Wastine.

Gamba, Sgr de Questinguem, en Boulonnois.

— De Courcelles, conseiller au Parlement.

De Salse (Salces), commandant de Berghes (chevalier de Saint-Louis).

Le chevalier Gamba.

Lenglé de Schoebeque fils.

Le chevalier de Colnet (Colnet-Joustel), écuyer, lieutenant retiré de la cavalerie de S. M. catholique.

Marie-Joseph de Colnet, écuyer.

Clays, Sgr de Steenwerve.

— De Hoston, Sgr de Smellinghem.

Balthazar, le cadet.
Robert Taverne de Saint-Antoine, officier du génie.
Le marquis d'Esquelbecque.
— Dlle de Wazières, propriétaire des fief et Sgrie de Liscoussendime et de Saint-George, en Bourbourg.

On donna défaut contre :

Le commandeur de Caestres.
Le comte d'Esterno, Sgr de Pitgam.
Le comte d'Egmont-Pignatelli, Sgr de Rumeghem.
Le comte de Mastaing, Sgr de Vienberquin.
Le prince de Salm-Kirchbourg, Sgr d'Hautkerke.
Le duc de Cozo-Varenstoot, Sgr de Nieuwerlet.
De Lamethan, Sgr de Berthof.
Beaubert, Sgr de Pradelles.
De Grace, Sgr de Strazeele.
Wacrenier, Sgr de Bellekint.
Le comte Desletre.

Le chevalier du Portal fut élu secrétaire de l'ordre.

Commissaires :

Le prince de Robecq.
Le marquis de Morbecq.
Le marquis d'Esquelbecque.
Le marquis d'Archie (Harchies).

BAILLIAGE DE DOUAY ET ORCHIES.

Procès-verbal de l'Assemblée générale des trois ordres de la gouvernance du souverain bailliage des villes de Douay et Orchies (1).

30 mars 1789.

(*Archiv. imp.* B. III, 62, p. 43, 49-63.)

Henri-Ignace-Marie-Joseph Duhamel, conseiller du roi, lieutenant général civil et criminel de la gouvernance du souverain bailliage de Douay et Orchies.

NOBLESSE.

1° Sont comparus les assignés à cause de leurs seigneuries ou de leurs fiefs situés dans le ressort de ladite gouvernance :

(1) Cette liste a été revue sur la minute du procès-verbal des archives, B. a. IV, 30. — V. encore l'*Annuaire de la noblesse*, de M. Borel d'Hauterive, 1861, p. 362-366.

Le marquis d'Aoust, à cause de son fief de Jumelles-en-Waziers.
Jacques-Eustache-Joseph d'Aoust, marquis de Sin, etc.
Le marquis de Bacquehem, Sgr de Raches, Coutiches, etc.; — représenté par Lamoral-Augustin, chevalier de Bacquehem.
Dlle Anne-Marguerite Becquet, dame du Besse ou du Beffe; — Rémy, écuyer, Sgr de Campeau.
Jean-François Bérenger, chevalier de l'ordre de Saint-Michel, Sgr del Vacq (Delvacq) en Roncourt.
Mme la princesse de Berghes, à cause de sa Sgrie du Quesnoy dans Hamel; — le marquis de Nédonchel.
Le comte du Châtelet *alias* du Chatel, Sgr d'Aix, etc.; — d'Aoust, marquis de Jumelles.
Alexandre-François-Joseph Coll, chevalier, baron de Gavrelles, Sgr de Nortlinghem, etc., à cause de sa Sgrie de Savy-en-Hamel.
Delespaul, écuyer, Sgr du Quesnoy en Templeuve en Pevelle; — Taffin de Gœulzin.
Delfaut, Sgr du Marais en Nomain; — Taffin de Gœulzin.
Despretz (Despréս) de Quéant, Sgr du Grand-Hargerie; — George-Joseph Durand, chevalier, Sgr d'Elecourt.
Jean-Baptiste-François-Nicolas de Foret (Forest), chevalier, Sgr de Quart de Ville, etc., à cause de sa terre et Sgrie de Lewarde, doyen des présidents à mortier du Parlement de Flandres.
Grenet, Sgr de Marquette en Ostrevault; — Pierre-Adrien-François-Xavier Le Merchier, chevalier, Sgr de Recourt et Renaucourt, etc., chevalier de Saint-Louis, ancien lieutenant colonel d'infanterie.
De Herbais, (Philippe-Joseph-Alexis), Sgr de Villecasseau.
D'Hespel-Docron (d'Hocron), Sgr de Frémicourt en Wattines; — Taffin de Givenchy.
Dlle Marie-Cécile-Louise de la Grange dame du Fay, du Chatelet, de Beaulieu, etc., — le baron de la Grange, son père et tuteur.
De la Mairie, Sgr de Wattines, — Philippe-Joseph-Alexis de Herbais, chevalier, Sgr de Villecasseau.
Albert-Louis-Joseph-Marie, marquis de la Riandrie, à cause de sa terre et chatellenie de Lécluse.
Le Vaillant, Sgr du Chatelet, — Louis-Théodore-Joseph de Franqueville, écuyer, Sgr de Bourlon.
Jean Marteau, écuyer, Sgr de Milleville en Nomain, du Carondelet, etc.
Amaury-Joseph de Mortagne, baron de Landas, à cause de sa terre de Landas.
Octave-César-Alexandre-Joseph-Marie de Nédonchel, marquis de Nédonchel et de Bouvignies, etc., colonel d'infanterie, chevalier de Saint-Louis.
Le baron de Noyelles, Sgr de Leplanque; — le marquis de Nédonchel.
Amé-Philippe-Joseph Pamart, écuyer, à cause de son fief de Falempin.
François Remy, écuyer, Sgr de Cantin, etc.
Taffin, écuyer, Sgr des Trois-Ville, etc., à cause de son fief de la Sautière; — Louis-Alexandre-Séraphin-Joseph Honoré, écuyer, Sgr de Warennes.
Le comte de Teuremonde, Sgr d'Estrées; — le Sgr de Villecasseau.

Vandercruise (Van der Cruysse), Sgr de Waziers; — Taffin, écuyer, Sgr de Givenchy.

Dlle de Wagnonville, à cause de la Sgrie de la Vacquerie;— Jean-Baptiste-Pierre-Georges Foucques, écuyer, Sgr de Balingain, de l'avouerie de Rumancourt, etc., chevalier de Saint-Louis, capitaine de cavalerie, ancien mousquetaire du Roi, chef du magistrat de cette ville.

S. A. le prince de Vaudemont, à cause de la princesse de Montmorency, son épouse, dame de la Sgrie de Launoy; — Albert-Marie-Augustin Bruneau, chevalier, Sgr de Beaumetz, Morchies, etc., procureur général au Parlement de Flandre.

2° Sont aussi comparus les nobles non possédant fief dans le ressort de ladite gouvernance, et y étant domiciliés:

Maximilien-Ferdinand-Eustache-Joseph d'Aoust, marquis de Sin-le-Noble.

Lamoral-Augustin, chevalier de Bacquehem, etc.

Charles-Ferdinand-Joseph de Beaumaretz, écuyer, Sgr de Marcotte.

Alexandre-Mathias Becquet, écuyer, ancien capitaine au régt Royal-infanterie.

Charles-Louis Berranger (Béranger), écuyer.

Alexandre-François-Joseph de Bourbers-Mazingan (Mazinghem), chevalier, capitaine en premier au régt de la Fère-artillerie, chevalier de Saint-Louis.

Albert-Marie-Auguste Bruneau, Sgr de Beaumetz.

Louis-Lamoral de Buissy, chevalier, conseiller du roi en ses conseils, président à mortier au Parlement de Flandre.

François-Valerien Caneau, écuyer, Sgr de Rotteleur.

Louis-François-Marie Caneau, écuyer, Sgr de Monchiel.

Michel-François-Joseph-Dominique de Castro y Lemos, chevalier, ancien lieutenant colonel du régt de Tournaisis, chevalier de Saint-Louis.

Alexandre-Bonaventure de Commerfort, baron d'Enguemore, capitaine des grenadiers au régt de Dillon.

Thédore-François-Joseph de Cornouailles, écuyer, Sgr de Chalancourt, etc.

Charles-François-Maximilien-Joseph Delevigne Deuwardes, conseiller au Parlement.

Pierre-Henri Dubois, chevalier, conseiller au Parlement.

François-Louis-Joseph Dupont de Castille, chevalier, conseiller du Roi en ses conseils, président à mortier au Parlement de Flandre.

Georges Durand, Sgr de Lécourt (d'Elecourt).

George-Joseph Durand, chevalier de l'ordre du Roi.

Charles-Agathon Duriez, écuyer.

Bonaventure Eloy (Eloy de Vicq), doyen du Parlement de Flandre, présida l'assemblée de la noblesse, comme doyen d'âge.

Bonaventure Eloy, écuyer, Sgr de Vicq, ancien échevin de cette ville.

Eugène-Alexandre-Nicolas de Forest de Quart de Ville, avocat général au Parlement de Flandre.

Jean-Baptiste-Pierre-George Foucques, écuyer, Sgr de Balingain, de l'avouerie de Rumancourt, chevalier de Saint-Louis, capitaine de cavalerie.

Henri-Joseph de Francqueville, chevalier, conseiller du Roi en ses conseils, président à mortier au Parlement.

Louis-Théodore-Joseph de Francqueville, écuyer, seigneur de Bourlon.

Adrien-Joseph de Francqueville d'Inielle, président honoraire au Parlement de Flandre.

Jean-Bonaventure Goyer de Senecourt.

Marie-Albert-Théodore Hennecart, *alias* Hémart, baron de Briffouil.

Hector-François-Joseph-Marie Honoré, écuyer, Sgr du Locron, etc., lieutenant des maréchaux de France.

Louis-Alexandre-Séraphin-Joseph Honoré, écuyer, Sgr de Warennes, etc., officier au 3e régt de l'état-major.

François-Bonaventure de la Pierre, chevalier, marquis de la Pierre, etc.

Gaspard-Joseph-François Le Boucq, conseiller au Parlement.

Pierre-Philippe-Eugène-Joseph Le Conte de la Viefville, chevalier, conseiller au Parlement.

Pierre-Louis-Joseph Le Couvreur, écuyer.

Le Merchier, Sgr de Renancourt (Pierre-Adrien-François-Xavier, chevalier de Saint-Louis).

Jean-Baptiste-Bertin-Joseph Le Roux de Bretagne, écuyer, Sgr d'Archeval.

Charles-Hyacinthe-Joseph Lespagnol de Wasquehal.

Ernest-Joseph Le Vasseur de la Thieulloy, conseiller au Parlement.

Valérien-Amé-Claude-Louis de la Grange, baron de la Grange, chevavalier, Sgr de Maranvaux, *alias* Marivaux, Masthove, etc., chevalier d'honneur au Parlement de Flandre.

Ferdinand Maloteau, chevalier, Sgr de Villerode, président à mortier.

François-Ferdinand-Henri-Joseph Maloteau de Guerne, conseiller au Parlement.

François-Alexandre-Auguste-Joseph Maloteau du Pont, écuyer.

Philippe-Joseph-Ferdinand Maloteau, écuyer.

Hippolyte-Adrien-Joseph Marescaille, Sgr de Courcelles.

Aimé-Anselme Merlin-Duvivier, conseiller au Parlement.

Guillaume-Marie Merlin d'Estreux, conseiller honoraire au Parlement.

Regis-Parfait-Chrétien Merlin de Beaugrenier, officier au corps royal d'artillerie.

Pierre-Bernard-Casimir Priez-Cardon, écuyer, Sgr d'Ouvrin et de Rollencourt.

Bonaventure-François de Rasières (Derasières et des Rasières), écuyer, Sgr de Pont à de Chey (Pontadechy).

Alexandre-Théophile Rémy, écuyer, Sgr du Maisnil.

François-Laurent-Auguste Remy de Lassus, écuyer, échevin de cette ville.

François-Henry Remy, écuyer, Sgr de Gennes, et de Campeau.

Jacques-Joseph-Hippolyte Remy Desjardins, conseiller au Parlement de Flandre.

François-Eustache Remy, Sgr d'Evin.

Denis-Joseph-Thomas de Ruyant, Sgr de Cambronne, brigadier des armées du Roi.
Nicolas-François-Guislain Ruyant, écuyer, Sgr de Bernicourt.
César-Louis-François Taffin, écuyer, Sgr de Gœulzin, Hordain, etc.
Marie-Joseph-Louis Taffin, écuyer.
Auguste-Joseph-César-Alexandre Taffin, écuyer, Sgr de Givenchy-le-Noble, etc.
Marie-Emmanuel Théry de Gricourt, Sgr de Fouque-Villiers, etc., chevalier de Saint-Louis.
Marie-Jean-Charles Théry, Sgr de la Haze, du Bloens, etc.
François-Louis de Thomassin.
Casimir-Joseph de Vareschin (Wavrechin), écuyer, ancien chef du magistrat de cette ville.
Louis-Joseph-Marie de Warenghien de Flory, chevalier, conseiller au Parlement.
Ernest-François-Auguste Verniment (Vernimmen) conseiller au Parlement.

BAILLIAGE DE LILLE.

Procès-verbal de l'Assemblée générale des trois ordres du ressort de la gouvernance de Lille.

24 mars 1789.

(*Archiv. imp.*, B. III. 72. p. 241, 265-292, 318-321.)

François-Joseph-Marie Dusart, écuyer, conseiller du Roi, lieutenant général civil et criminel du siége royal de la gouvernance du souverain bailliage de Lille.
De Frémicourt, procureur du Roi audit siége.

NOBLESSE.

Jean d'Anglart, écuyer.
Michel-Eugène-Joseph Aronio, écuyer, Sgr d'Elevigne.
Louis-Robert Aronio, écuyer, Sgr de Fontenelle.
Le marquis d'Avelin.
Jean-Baptiste-Guillaume de Basserode, écuyer.
— Dlle de Basserode, dame de Frenneaux.
— Louis-Eugène-Marie, comte de Beaufort, Sgr de Barges d'Oienbourg.
Antoine-François-Joseph de Beaufrèmes, écuyer, Sgr du Roseau.

— Charles-Ferdinand-Joseph de Beaumarêt, écuyer, Sgr de Marcotte.

Bidé de la Grandville.

Julien-Louis-Francois Bidé de la Grandville, chevalier, Sgr de Saint-Simon et Raize.

Henri-Joseph du Bosquiel, écuyer, Sgr d'Elfaut et du fief d'Escobecque,

— Albert-Louis-Joseph du Bosquiel, écuyer, Sgr de Boncennes.

— Henri-Joseph du Bosquiel, écuyer, Sgr d'Elfaut, en qualité de père et tuteur de ses fils Albert du Bosquiel, et d'Henri-Joseph-Clément du Bosquiel, pour leurs fiefs de Monnequin et de Portingal.

Marie-Antoine Boutteler d'Urtembus, écuyer, Sgr de Gues.

Pierre-Ignace-François Boutiller, écuyer, Sgr de Plouy, chevalier de Saint-Louis.

— Pierre-François Briois, chevalier, Sgr d'Espaing, Coulombier.

— Philippe, baron de Brumondisse, Sgr de Meurchin Longast.

— Jeanne-Claire-Françoise de Buisseret, dame des Francs-Alleux.

Jean-Albert-Joseph de Buisseret, comte de Thiennes, Stenbecque, etc.,

— Jean-Albert-Joseph de Buisseret-Blarenghien, comte de Thiennes-Stenbecque, en qualité d'aïeul et tuteur subrogé de messire Jean-Baptiste-Charles-Félix-Henri de Podenas, Sgr d'Herignies.

— Louis-Henri-Joseph de Buisseret, chevalier, fils de Jean-Albert-Joseph de Buisseret de Blarenghien, comte de Thiennes-Stenbecque, Sgr du grand et petit Bertangle.

— Dame Marie-Jeanne-Thérèse de Buissy, dame de Wattiers,

— Mme de Calonne d'Aubert, dame dudit Aubert.

Augustin-Adrien Canné, écuyer, Sgr de Neuville et de Roders.

Hyacinthe-Pierre-Joséph Cardon, écuyer, Sgr du Bronquart.

Louis-Joseph Cardon, écuyer, Sgr des Marets.

Louis-Ignace-Joseph Cardon de Montreuil, écuyer, Sgr de Garsigny, Montreuil, etc.

Louis-Séraphin du Chambge, baron de Noyelles.

Pierre-Joseph du Chambge, maréchal de camp, député de la noblesse, Sgr d'Elbecq.

Pierre-Ernest-Joseph du Chambge, chevalier, Sgr de Noyelles.

Charles-Louis-Philippe du Chambge, chevalier, Sgr de Douay, premier président au bureau des finances et domaines de la généralité de Lille.

Ferdinand-Ernest-Antoine-Marie-Joseph-Albéric, comte du Chatel de la Hovardrie, Sgr d'Archy.

Jean-Amand Chevallau de Boisragon, chevalier, Sgr de la Chenaye, ancien capitaine commandant au régt d'Orléans, chevalier de Saint-Louis.

— Dlle Philippine-Collete-Joséphine de Coupigny, comtesse d'Enu.

Charles-Liduine-Marie, comte de Croix, major en second au régt de Provence-infanterie.

Eugène-Ernest, chevalier de Croix.

Alexandre-Louis-François, marquis de Croix d'Heuchin, Sgr des prévotés de Frelinghein, Verlinghen, etc.

— Joseph-Anne-Auguste-Maximilien de Croy, duc d'Havré, Sgr de Tourcoing.

— Emmanuel-Ferdinand-François, duc de Croy, Sgr du Quesnoy.

Pierre Cugnac, écuyer, Sgr de la Jonquière.

Charles-Marie Daupbin, écuyer, Sgr d'Hallinghem.

Auguste-Eugène-Joseph Denis, écuyer, Sgr d'Hollebecque.

Jacques-François Denis, écuyer, Sgr du Péage.

— Dame Albertine-Henriette Diedeman, dame de Bierbaix, douairière de François-Joseph-Clément du Bosquiel.

— Dame Louise-Clémentine-Joseph Diedeman, dame de Carnin.

— Dame Louise-Clémentine-Joseph Diedeman de la Riandrie, douairière de Jean-Louis-Joseph de Lespault, écuyer, sieur de la Haye, en qualité de mère et tutrice légitime d'Albert-Louis-Joseph de Lespault, écuyer, Sgr de la Haye, son fils.

Albert de Druets (Draeck), écuyer, Sgr de Sehevette.

Nicolas-Joseph Dupont, écuyer, Sgr d'Ogimont.

Joseph-Marie Dusart (du Sart), chevalier, Sgr des Carmes (d'Escarne) et de Leyot, etc.

Auguste-François-Joseph-Marie Dusart, chevalier, Sgr des Carmes de Leyot.

Alexis-Joseph de Flandre, chevalier, Sgr de Radinghem.

— Madame de Flandre, dame de Beaucamps.

Auguste-Jérôme-Joseph des Fontaines, écuyer, Sgr des Thieffries les Austaing.

Gilles-Xavier-Casimir des Fontaines, écuyer, Sgr de Liévain, *aliàs* de Jauttes.

Jean-Baptiste-Amé des Fontaines, écuyer, Sgr de la Barre.

Jean-Antoine-Joseph de Fourmestraux d'Hollebecque, écuyer, Sgr du Sart.

Louis-Joseph de Fourmestraux, écuyer, sieur de Pas.

Louis-Alexandre-Joseph de Fourmestraux, écuyer.

— Marie-Alexandrine de Fourmestraux, douairière de Séraphin Joseph de la Fontaine, dame de Valgourdin.

— Dame Angélique-Caroline-Joseph Fran's, douairière de Pierre Robert-Martin Huvins, écuyer, Sgr de Bourghelles.

— Antoine-Nicolas-Louis-Charles de Fremont, marquis de Roset.

Bon-François-Joseph Frayet, écuyer, Sgr de la Mounonnerie.

Joseph Frinet, écuyer, Sgr d'Hostove.

Alexis-Joseph Fruyet, écuyer, Sgr du Parcqs.

François-Michel Ghesquières, écuyer, Sgr de Warenghien.

Paulin-Joseph Ghesquières, écuyer, Sgr de Nieppes.

Jean-Marie-Joseph Ghesquières, écuyer, Sgr de Millescamps.

Ferdinand-Elisabeth, marquis de Ghistelles, à Commines.

Denis-Joseph Godefroy, écuyer, Sgr de Maillard.

Jérôme-Joseph Grenet, chevalier, Sgr de Péronne.

Philippe-Charles-Joseph de Guilleman, écuyer, Sgr de la Barre et d'Engrin.

— Adrien-Louis, duc de Guines, Sgr d'Illies.

Charles-Ferdinand-Joseph d'Haffringues, écuyer, officier au régt de Conti-infanterie.

Maximilien-Philippe-Augustin d'Haffringues, écuyer, Sgr d'Hellemes.

Louis-Marie d'Haffringues, écuyer, Sgr de Liannes.

Jacques-Philippe-Henri-Marie d'Haffringues, écuyer, Sgr de Rebecques.

François-Augustin-Anne-Hubert-Colette, comte d'Hangouward, marquis d'Avelin.

— Louis-Antoine-Joseph, baron d'Hangouwart, Sgr d'Hermès.

— Louis-Robert-Constant, chevalier, comte de Hamel Bellenglise.

— Paul-Alexis-Joseph Herts, écuyer, Sgr de la Blancardrie.

Hyacinthe-Louis Hespel, écuyer, Sgr de Fléneque.

Séraphin-Joseph d'Hespel de Fléneque, capitaine au régt des dragons de Condé.

César-Auguste-Marie Hespel, écuyer, Sgr de Guermanes, Lestoquoi, etc.

Clément-Henri-François Hespel d'Hocron, écuyer, Sgr de Coisne.

Romain-Séraphin-Joseph-Marie Hespel, écuyer.

Ferdinand-François-Séraphin Hespel, écuyer, Sgr de Lédouze.

Clément-Henri-François Hespel, écuyer, Sgr d'Hocron.

— Henri-Séraphin Hespel, écuyer, Sgr de la Vallée.

Ferdinand-François-Séraphin Hespel, Sgr d'Harnouville.

Michel-Séraphin Hespel, écuyer, Sgr de Fléneque et du Fresnel.

César-Auguste-Joseph-Marie Hespel Le Mer, Sgr de Guermanès.

— Dame Marie-Florentine-Henriette-Joseph Hespel, douairière de François-Marie-Joseph Dusart (du Sart), chevalier, Sgr de Boucaux, dame de Gouelle.

— Dame Françoise-Séraphine Hespel, douairière dè Martin-Louis de Maulde, Sgr de la Tourelle, dame du Doulieux.

Louis-Jean-Baptiste-Joseph Huvins, écuyer, Sgr de Bourghelles.

Robert-Joseph-Alexandre Huvins, Sgr de Villers, de Merchin, etc.

Christophe-Antoine-Robert Imbert, écuyer, Sgr de la Phalecque.

Joseph-Alexandre Imbert, écuyer, Sgr d'Ennevelin.

Jacques-Louis-Auguste-Joseph-Marie Imbert, écuyer, Sgr de Champagne.

Jacques-Joseph-Auguste Imbert, écuyer, Sgr de Schereng.

Christophe-Antoine-Robert Imbert, écuyer, Sgr de la Phalecque.

Henri-Louis-Marie Jacops, marquis d'Aigremont, Sgr de Lompret.

André Joseph, écuyer, Sgr de Rigolle.

Yves-Blaise-Jullien, comte de Bonnescuelle, Sgr de Willem.

Louis-Marie de la Fonteyne, écuyer, Sgr de Villiers.

Charles-François, comte de Lannoy, Sgr de Wattignies.

— François-Ferdinand, comte de Lannoy d'Annappes.

— La duchesse de Lauragais, dame d'Houpline sur la Lys.

Philippe-Joseph-Auguste Le Comte, écuyer, Sgr du Bus et de Warenghein.

Louis-Joseph Le Couvreur, écuyer, Sgr d'Havry.

— Dame Philippine-Alexandrine Le Clernent ou Clerneut, douairière de Ligny, dame Delavigne; — Dominique-Ferdinand Le Febvre, son fils.

Dominique-Ferdinand-Marc Le Febvre de Lattre, Sgr de Duremont.
Joseph-Auguste Le Febvre de Lattre, écuyer, Sgr de Cliquennois.
Ferdinand-Séraphin Le Febvre de Lattre, écuyer, Sgr des Prés.
— Dlle Bonne-Victoire Le Febvre de Lattre, dame de la Rue du Bois.
— Dlle Thérèse-Lydie Le Febvre de Lattre, dame d'Olehain.
— Marie-Alexandre-Joseph Le Febvre de Lattre, écuyer, Sgr de Ligny.
Pierre-Joseph-Albert Le Maistre, écuyer, Sgr d'Austaing.
Augustin-Joseph Le Mesre, écuyer, Sgr de Single.
Louis-Dominique-Eustache de Lónequesaing, écuyer, Sgr de Morpas.
Louis-Dominique-Joseph de Lénequesaing, écuyer, Sgr de Morpas.
Louis-Auguste-François-Denis Lenglé, grand maître des eaux et forêts de France au département de Hainaut et Cambrésis.
— Marie-Robertine Le Pinel, douairière de messire Anson de la Merville, pour son fief de Luchin.
Jean-Baptiste-Guillaume Le Prevost, chevalier de Basserode.
— Marie-Magdelaine-Séraphine Le Prevost de Basserode, dame de Colo.
— Louis-Joseph-Hippolyte Le Sars, écuyer, Sgr de Mouchin.
Joseph-Marie-Ange de la Motte.
— Charles-Henri-François Le Sellier de Vaumeuille, Sgr du fief de Mollambois.
Charles-Joseph Lespagnol (l'Espagnol) de Grembry, écuyer, Sgr de Wacquehal, etc.
Henri-Joseph-Hyacinthe l'Espagnol, ancien Sgr de Cavrines.
Marie-Clément-Joseph de Lespault, écuyer, Sgr de Frestin.
Louis-Joseph-Charles de Lespault de Lespierre, écuyer, Sgr de la Potennerie.
Charles-François-Joseph Libert, écuyer, Sgr de Perénehicourt.
Désiré-François-Dominique, comte des Liot (*alias* Déliot), Sgr d'Erquinghen sur la Lys.
Joseph-Marie-François Longin, écuyer, Sgr de Haut-Buisson.
Jean-Baptiste Loré, comte de Sommyèvre.
Luytens de Bossu.
Maximilien-François-Joseph Luytens, écuyer, Sgr du Petit-Portingal.
Louis-Albéric-Joseph de Madre, écuyer, Sgr de Norguet.
Ferdinand-Marie-Isidore-Joseph de Madre, écuyer, Sgr des Oursins.
— Auguste-Marie-Joseph-Marie de Madre, écuyer, Sgr de Lepierre.
— Joseph-François-Regis de Madre, chevalier, conseiller du Roi en ses conseils, président au conseil d'Artois, Sgr de Portingal.
Jean-Baptiste-Louis Magon de la Gielais, capitaine au régt provincial de Metz.
François-Hyacinthe de Maulde, écuyer, Sgr de la Tourette.
Emmanuel-Gabriel, vicomte de Maulde.
François-Marie, baron de Mengin.
Pierre, baron de Mengin, chevalier, Sgr de Fondragon.
Pierre-Robert-Joseph de Mengin, Sgr du Bruïl.
— Ferdinand, comte de Mercy-Argenteau.
Antoine-François-Joseph, chevalier de Muyssart.

Jean-Baptiste-Joseph, comte de Muyssart, Sgr du Pire.

— François, comte de Muyssart, Sgr des Obeaux;

Joseph, comte de Muyssart, son fils.

Aimable-Armand-Joseph Obert, écuyer, Sgr de Courtembus.

Charles-Joseph Obert de Touront, écuyer.

Hippolyte-Maximilien-Joseph Obert, écuyer, Sgr de Greviller.

— Dlle Marie-Henriette Obert, dame par indivis de Prémerque.

— Mgr Louis-Philippe-Joseph d'Orléans, duc d'Orléans, premier prince du sang, Sgr de Commines.

Christophe Pajot, Sgr du Rouille, écuyer.

— Dame Agathe-Isabelle-Bernarde Pajot, douairière de messire Jacques-Joseph-Marie de Verghelles, écuyer, Sgr de Sainghen.

Louis-Philippe-Marie, comte de Palme d'Espaing, Sgr de Bachy.

— Mme de Petitpas, dame des Oursins.

— Alexandre-Albéric, comte de Petrieux, Sgr d'Houplin les Seclin.

Jacques-Gilbert de Pierre, écuyer, Sgr du petit Allennes.

Henri-Joseph Porrata, écuyer, Sgr du Fresnel.

— François-Joseph Potteau, écuyer, Sgr de Courtisempire, père et tuteur légitime de Marie-Isabelle-Françoise Potteau, sa fille, dame du fief de Layens.

— François-Joseph Potteau, écuyer, Sgr de Courtisempire, père et tuteur légitime de Joseph-François-de-Paule, écuyer, Sgr d'Estevelles.

— François-Joseph Potteau, écuyer, Sgr de Courtisempire, tuteur de Marie-Bonne-Romaine Potteau, sa nièce, dame de la Rüe.

— Romain-Joseph Potteau, écuyer, Sgr d'Haucardrie.

— Denis-Jean-Baptiste Potteau.

— Joseph-Hubert Pottier, écuyer, Sgr de Marissons.

Henri-Joseph Poulle de Gaussin, écuyer.

Louis-Renard, écuyer, Sgr d'Ouchain.

Pierre-Louis-François de Richoufftz, chevalier, officier au régt d'Orléans infanterie.

Marie-Louis-Auguste de Richoufftz, chevalier, capitaine au corps royal d'artillerie.

— Simon-Joseph-Robert, comte de Robersart, Sgr de Wambrechies.

Jean-François-Joseph Robert, baron de Saint-Symphorien, Sgr de Braffe.

— La dame de Roucq.

Jean-Baptiste-Louis Rouvroy, écuyer, Sgr de Fournes.

Joseph-Louis-Anaclet Rouvroy, écuyer, Sgr de Capinghem.

Louis-Henry Rouvroy, écuyer, Sgr de Beaurepaire.

Pierre-Joseph Rouvroy, écuyer, Sgr de l'Acenoye.

— Marie-Albertine Rouvroy, dame d'Has.

Louis-Henri Rouvroy, écuyer, Sgr de Beaurepaire.

— Marie-Ernestine-Adélaïde Rouvroy, dame de Capinghem.

François-Balthazar-Joseph-Guislain, comte de Sainte-Aldegonde de Genech.

Henri-Nicolas-Joseph de Saintoin.

Le baron de Saint-Symphorien.

François-Joseph-Marie du Sart, écuyer, Sgr du Sart et de Lannoy, etc.
Alexandre-Joseph Scherer de Scherbourg, chevalier, Sgr de Temple Mars.
Louis-Marie Schérer de Scherbourg, chevalier, Sgr de Ricarmez.
Albert-François de Stapens, écuyer, Sgr de Relinghen.
Ernest-Louis-Joseph de Surmont, écuyer, Sgr de Fontaine.
François-Chrétien-Marie de Surmont, écuyer, Sgr de Francaux.
Henri-Louis de Surmont, écuyer, Sgr d'Edigne.
Louis-Hyacinthe-Joseph Tassin, écuyer, Sgr d'Hursel.
Marie-Alexis-Philippe Tassin, écuyer, Sgr des Obeaux.
Marie-Joseph-Louis Tassin, écuyer, Sgr de Robles.
Pierre-François-Albert Taverne, écuyer, Sgr de Montreuil.
Jean-Nicolas Taverne, écuyer, Sgr de Terfud et du Jardin.
Louis-François, vicomte de Tenremonde, Sgr d'Hesdin.
— Charles-Louis-Guislain de Tenremonde, Sgr de Merignies.
Louis-François, comte de Tenremonde.
— François-Auguste-Guislain, chevalier de Tenremonde, Sgr de Camployé.
Charles-Joseph-Marie Tesson, écuyer, Sgr de la Croix,
— Louis-Gaetan-Philippe-Guislain de Thienne, chevalier, Sgr de Los.
Arnould-Hugues-Joseph Van der Cruisse, écuyer, Sgr de la Motte-Fermeselle.
Arnould-Philippe-Joseph Van der Cruisse, écuyer, Sgr de Grimarest.
Louis-Joseph Vanderlinde, écuyer, Sgr de la Phalecque,
— Le prince de Vaudemont, Sgr de la Comillerie.
Augustin-Théodore Vauzelles, écuyer, Sgr d'Hostove, des Escalus, etc.
Jean-Baptiste-Marie Vauzelles, écuyer, Sgr d'Aulnois, de Marquis, etc.,
— Dame Marie-Catherine-Laurence Vauzelles, — le Sgr d'Hellemes, son fils.
Jean-Baptiste-Guillaume Vauzelles, écuyer, Sgr de Roders, pour son fief de la Vallerie.
Antoine-Louis, marquis de Vignacourt, Sgr de Montifaut.
Ferdinand-Louis-Joseph de Vitry, chevalier, Sgr de Samblethem,
— Marie-Hippolyte-Barthélemy-Joseph, chevalier, baron de Vitry, pair de Gammand.
Jean-Baptiste-Alexis Wacrenier, écuyer.
Charles-Joseph-Théodore Wacrenier, écuyer,
— Dlle Marie-Catherine-Henriette Wacrenier, dame de la Bouchardrie.
François-Marie Waresquiel, écuyer, Sgr de Bonnance.
François-Marie Waresquiel, écuyer, Sgr de Mégaland.
Dominique-Joseph de Wasiers, écuyer, Sgr du Verd-Bois,
— Marie-Elisabeth Wattepatte, dame du fief de Laval, veuve d'André-François-Joseph Herts, Sgr des Mottes,
— Dame Marie-Joseph-Thérèse Zouche de la Lande, douairière de Robert-François-Joseph-Etienne Huvins, écuyer, Sgr d'Inchy.

On donna défaut contre :

Le baron d'Auberchy, Sgr du Heulle.
De Basserode, Sgr de Neuville.
Le comte de Berlaymont, Sgr de Monveaux.
Bessuéjouls, marquis de Roquelaure, Sgr d'Haubourdin.
De Calonne, Sgr de Beaufait.
Le comte de Calonne, Sgr d'Estremont.
De Creny, Sgr de Capelle.
Despierres, Sgr de la Moussenière.
Desplanque, marquis de Béthune, Sgr de Bousbecque.
Diedeman de la Riandrie, Sgr de Levigne.
Le comte de Diesbach, Sgr de Sainghin en Mélantois.
Le comte d'Egmont.
De Forest.
Le comte de Gand, Sgr d'Hem.
De Godschales, Sgr de Baizieux.
Hubert, Sgr de Lenglé de Mons en Barreuil.
Mme Haut de Mare de Bruno, dame de Fauquennat.
Imbert de Warenghien.
Ingilliard de la Bretaigne, Sgr de Canteleu.
De la Chaussée, Sgr d'Herbainz.
Le comte de la Lande, Sgr de Wannehain.
Le Clément de Saint-Marc, Sgr du Grand-Busse.
De Madre, Sgr de Beaulieu.
Le vicomte de Mailly Mames, Sgr de Gravelame.
De Montmore, Sgr de Lesquin.
Le comte de Nassau Cassoye, Sgr d'Hallenes les Hautbourdin.
Le prince d'Oignies de Grainbergue, Sgr de Wieres.
Petitpas, Sgr du Verd Croquet.
Potteau, écuyer, Sgr de Bellincamps et de Burgault.
De Prudhomme d'Ailly, Sgr de Neuville en Ferrain.
Remalde de Trouzeau, Sgr de Fichanbrughe.
Robert, baron de Saint-Symphorien, Sgr de Goudecourt.
Le prince de Rohan-Guéménée, Sgr de Cisoing.
Vanderbrugen, écuyer, Sgr de la Cotterie.
Vandergraeth, Sgr du Petit Labroy.
Wacrenier, écuyer, Sgr de Presnez.
De Wignacourt, comte de Flêtre, Sgr d'Herlies.
Le comte de Willedrez, Sgr de Zenglebois.

Commissaires chargés de correspondre avec les députés :

De Stappens, Sgr de Fléchinel et d'Abbleghem.
Godefroy, Sgr de Maillart.
Le comte de Palmes d'Espaing, Sgr de Bachy, maréchal de camp.
Delespaul, Sgr de Lespierres, la Potennerie.
D'Haffrengues, Sgr de Lianne.

Dusart, Sgr du Sart, Lannoy, lieutenant général au bailliage de Lille.
Van der Cruisse, Sgr de Waziers.
Le comte de Thiennes, Sgr de Los.
Le comte de Bonnescuelle d'Orgères, Sgr de Willem, maréchal de camp.

(*Cahier des doléances imprimé.*—Arch. imp.)

LISTE DES DÉPUTÉS DES TROIS ORDRES

AUX ÉTATS-GÉNÉRAUX DE 1789.

—

BAILLIAGE DE BAILLEUL.

Roussel, curé de Blarenghem.
Blanchaers, curé et doyen de Wormhout (1).

Montmorency, prince de Robecq, chevalier des ordres du Roi, lieutenant général de ses armées, grand d'Espagne.
Le marquis de Harchies, capitaine au régt de Bresse.
Le marquis d'Esquelbecque, suppléant.

De Kytspotter, lieutenant général criminel.
Herwyn, conseiller pensionnaire à Hondschoote.
Bouchette, avocat à Bergues.
Delattre de Balzaert, ancien maître particulier des eaux et forêts, à Merville.

BAILLIAGE DE DOUAI ET ORCHIES.

Jean-Léonard Breuvart, curé de Saint-Pierre de Douai.
Pierre-François de Raust de Berchem, prévost de la collégiale de Saint-Amé, suppléant.

Eustache-Jean-Marie, marquis d'Aoust, baron de Cuinchy.
Albert-Marie-Auguste Bruneau de Beaumetz, procureur général au Parlement, suppléant.

Simon de Maibelle, docteur ès droits, professeur en droit.
Philippe-Antoine Merlin, avocat au Parlement et secrétaire du Roi.
Pilate, suppléant.

(1) Le 14 du mois d'avril, M. Blanchaers ayant donné sa démission de député du clergé, l'assemblée élut à sa place Mgr Charles-Alexandre, comte du Saint-Empire Romain, d'Albert, Valengin, etc., évêque diocésain.

BAILLIAGE DE LILLE.

Dupont, curé de Turcoing.
Noll, curé de Saint-Pierre de Lille.
Gosse, curé chanoine de Comines, suppléant.

Le comte de Lannoy, Sgr de Wattignies.
Du Chambge, baron de Noyelles.
Du Chambge, baron d'Elbecq, maréchal de camp, suppléant.
D'Hespel d'Hocron, Sgr de Coisnes, etc., suppléant.

Chombart, propriétaire à Herlies.
Le Poutre, fermier à Linsel.
Wartel, avocat à Lille
Scheppers, négociant à Lille.
Poutrain, avocat à Merignies, suppléant.
Cuvelier-Brame, négociant à Lille, suppléant.
Couvreur, avocat à Lille, suppléant.
Constantin Florin, négociant à Roubaix, suppléant.

GOUVERNEMENT MILITAIRE.

FLANDRE ET HAINAUT.

Le maréchal de Castries, gouverneur général.
Le prince de Robecq (Montmorency), commandant général.
De Boistel, commandant en second dans la Flandre maritime.
Le comte d'Esterhazy, commandant en second, en Hainaut.
Le comte de Luxembourg (Montmorency), lieutenant général.

Lieutenants de Roi :

Pottier, comte Desmaillis.
Le comte de Varennes.
Le baron de Sart.

Lieutenants des maréchaux de France :

De Sars, chevalier de Saint-Louis, à Valenciennes.
Le baron de Bazus, chevalier de Saint-Louis, à Valenciennes.
Le baron de Werchein, à Valenciennes.
Le comte de Bacquehem, chevalier de Saint-Louis, à Douai.
Le marquis de Marescaille, à Douai.
Imbert d'Ennevelin, chevalier de Saint-Louis, à Lille.

Poulle de Gossin, à Lille.
Le vicomte de Cugnac, à Lille.
De Ramsault, au Quesnoy.
Le baron de Carondelet de Baudegnies, chevalier de Saint-Louis à Landrecies et au Quesnoy.
Honoré du Locron, à Bouchain.
Le chevalier de Villavicentio, à Bouchain.
Le chevalier Bertin de Morancey, chevalier de Saint-Louis, à Cambray.
Imbert de Cherling, à Cambray.
De Valicourt, à Cambray.
Le baron de Jacquier de Rosée, à Givet.
Le Sergeant de Baïenghem, à Cassel.
Le baron d'Arfeuil, à Comines.

Gouvernements particuliers :

Lille..............	Le maréchal de Castries, gouverneur.
	De Montrosier, lieutenant de Roi.
	De Guillomont, major
Citadelle...........	Le comte de Vaudreuil, gouverneur.
	Le chevalier Dubosc, lieutenant de Roi.
	La Chauvignerie, major.
Fort St-Sauveur....	Le chevalier de Disse, lieutenant de Roi.
	Le baron de Mengin, aide-major.
Bergues............	Le comte de Langeron, gouverneur.
	De Salces, lieutenant de Roi.
	De Villemontés, major.
Fort-François......	De Vaugrand, lieutenant de Roi.
Gravelines.........	Le marquis de Pontécoulant, gouverneur.
	De Durfort, lieutenant de Roi.
	Drouart de Lezay, major.
Douai..............	Le marquis de Bouillé, gouverneur.
	Le baron de Tott, lieutenant de Roi.
	De la Forgue, major.
	Millot de Baubal, aide-major.
Fort de Scarpe......	Le comte de Turpin de Crissé, gouverneur.
	Le chevalier de Sariac, major.
Dunkerque..........	De Boistel, commandant.
	De Guichard, major.
Fort Mardick.......	Le comte de Violaine, major.
Valenciennes.......	Le marquis de Jaucourt, gouverneur.
	Le chevalier de Raincourt, lieutenant de Roi.
	De Ferrand, major.
Citadelle...........	Deshaulles, gouverneur.
	De Caumont, major.
Maubeuge..........	Le baron de Breteuil, gouverneur.
	Le baron de la Roche Saint-André, lieutenant de Roi.
	De Chambarlhac, major.

Condé............	Le duc de Croï, gouverneur.
	Le chevalier du Buat, lieutenant de Roi.
	Le chevalier de Beauregard, major.
Avesnes............	Le comte de Verceil, gouverneur.
	Cabrières Descombies, lieutenant de Roi.
	Gaussen du Mas, major.
Landrecies...........	Le marquis du Sauzay, gouverneur.
	Vaubert de Genlis, lieutenant de Roi.
	Danville, major.
Bouchain...........	Le comte de Durfort, gouverneur.
	Lagace de Blaton, lieutenant de Roi.
	De Gaya, major.
Philippeville.......	Le comte de Jumilhac, gouverneur.
	Le chevalier de Francqueville, lieutenant de Roi.
	Dutertre, major.
Charlemont et Givet.	Le marquis de Montmort, gouverneur.
	Le chevalier de Jannel, lieutenant de Roi.
	Le chevalier de Lombard Desgardes, major de Charlemont.
	Mansion de la Chabossière, major de Givet.
Mariembourg.......	De Marsac, commandant.
	Porin de Bellefin, major.
Le Quesnoy.........	Le comte de Puységur, gouverneur.
	Le chevalier de Bélesta, lieutenant de Roi.
	De Poisson des Londes, major.
Cambray...........	Le duc de Coigny, gouverneur.
	Desgaudières, lieutenant de Roi.
	De Gigord (Étienne, chevalier de Saint-Louis), major.
Citadelle.	De Grandmaison, gouverneur.
	Fenis de Susanges, lieutenant de Roi.
	Fraisans de Glatigny, major.

PARLEMENT DE FLANDRES

(SÉANT A DOUAI.)

Présidents.

1781. De Pollinchove, chevalier, premier.
1770. De Forest.
1775. Dupont de Castille.
1777. Maloteau.
1778. De Buissy.
1781. De Franqueville de Dinielle.

Chevaliers d'honneur.

1764. Le baron de la Grange.
1777. Le marquis de Creny.
1783. De Calonne de Bilmont.

Conseillers.

Eloy, doyen.
Remy d'Evin.
Hérigner.
Remy Desjardins.
Wacrenier.
Le Comte de la Vieuville.
De Warenghien de Flory.
De Raust de Berchem.
De Franqueville de Bourlon.
De Levigne-den Waerders.
Durant d'Elecourt.
Le Boucq.
De Raust, clerc.
De Bergerand.
Plaisant du Château.
Maloteau de Guerne.
De Franqueville.
Merlin du Vivier.
De Wery, clerc.
Tassin.
Dubois.
Marescaille de Courcelles.
Lenglé de Vestover.
L'Espagnol de Wasquehail.

Conseillers honoraires.

Merlin d'Estreux.
Cordier de Caudry.
L'abbé Evrard.
Hennet.

Gens du Roi.

1780. De Forest de Quartdeville, avocat général.
Brunneau de Beaumets, procureur général.
1768. Lefèvre substitut.
1769. Cauquelain, substitut.
1781. Le Ploge, greffier en chef.

CHANCELLERIE.

1778. De Polinchove, garde des sceaux.

Secrétaires du Roi

1768. Joly de la Vieville.
1769. Godtschalck.
1770. Perdry.
Michaux.
1772. Osmont.
1773. Faucompret.
1776. De Croix.
Imbert.
Bourlon de Charmais.
1777. Lallemand.
1778. Surmont de Bersée.
Picquerey de Varsonval.

Laflite.
1780. De Brigode de Kemelandt.
Villet de Veaux.
1781. De Chamel.
1782. Merlin.
De Foi.
1783. Quintin.
Du Toict.
Chenaux.
1784. De Fontaine.
1786. De Fresnel.

PRÉSIDIAL DE BAILLEUL.

Maloteau de Beaumont, grand bailli d'épée.
Vanpradels, lieutenant général civil.
De Kytspotter, lieutenant général criminel.
Le Joets, lieutenant particulier.
Lauwereyns, chevalier d'honneur.

Vandewalle.
De Dours.
Gouvelier.
De Ghens.
De Coussemaker.
Van Merris.
De Clercq.

Gens du Roi.

Cuvilier, avocat du Roi, faisant les fonctions de procureur du Roi.

Craye, greffier.

GOUVERNANCE DU BAILLIAGE DE DOUAI.

1784. Du Hamel, lieutenant général civil et criminel.
De Fontaines, lieutenant particulier.

Leroux.
Plouvain.
Le Barbier.
Marlier.
Wason.

Gens du Roi.

Dufour, procureur du Roi.
Du Mortier.

GOUVERNANCE DU BAILLIAGE DE LILLE.

Dusart, lieutenant général civil et criminel.
Lambelin de Beaulieu, lieutenant particulier.

Questroy.
Claeys.
De Savary.
Carpentier.
Dalen.
Quecq de Burgault.
Harduin de Lassus.

Gens du Roi.

Le Febvre, avocat du Roi.
Frémicourt, procureur du Roi.
Le Mesre du Chastel, greffier.

CATALOGUE

DES

GENTILSHOMMES DE HAINAUT

ET CAMBRÉSIS.

BAILLIAGE D'AVESNES.

Procès-verbal de l'Assemblée de l'ordre de la noblesse du bailliage d'Avesnes, de la prévôté d'Agimont en Givet, de celles de Maubeuge, Bavay, Jumay et Revin (1).

14 avril 1789.

(*Archiv. imp.* B. III. 19, p. 883-901.)

Le comte François de Saint-Aldegonde, président.
Le baron Vandam d'Audegnies, doyen d'âge.
Hennet de Bernouville, secrétaire.

Commissaires pour la vérification des pouvoirs :

Le comte de Bryas.
Gillot d'Hon.
Le comte de Normont.
Le baron de Bazue.

(1) Nous croyons devoir faire observer qu'un certain nombre de familles nobles de Hainaut ont pu ne pas figurer dans ces assemblées pour cause d'absence, de maladie ou d'abstention.

Les noms précédés du signe — sont ceux des électeurs représentés.

Le comte de Saint-Aldegonde,
— Le comte de Malgéhem,
— De Sainte Aldegonde père.
Le baron Vandam d'Audegnies,
— Le comte Landas de Louvignies.
De Saint-Léger,
— Mme d'Espienne d'Arvent.
Le comte de Bryas,
— Le comte d'Egmont,
— Le comte de Mérode.
Le comte de Normont,
— S. A. S. Mgr le duc d'Orléans,
— Le duc de Croy.
Le comte de Normont-Rinsart,
— Le duc d'Havré (Croï),
— Le baron de Brumont.
D'Essart de Curgies (de Sars),
— Grignart de Rames,
— De Bruton de la Torre.
Le vicomte de Blois.
Le chevalier d'Hennezel,
— Debuhat (de Buat),
— De Vanderstraet (Van der Straten).
Gillot d'Hon.
De Fourmestreaux de Saint-Denis,
— De Fourmestreaux père.
De Cabrière.
Offarel de Lislée.
Le baron de Bazue,
— De Croust,
— Le comte de Gontreuil.
Dubois Brulé.
Le chevalier de Brochers.
De Colnet du Houis.
— D'Hujemont,
— De Very.
Cordier de Caudry,
— Mlle de Normont Rinsart,
— Presseau d'Equelin.
Hennet de Bernoville,
— De Bouzies de Ferrières-le-Petit,
— Mme et MM. Hangouwart de Crioleux du Planty.

BAILLIAGE DE CAMBRAY.

Procès-verbal de l'Assemblée de l'ordre de la noblesse (1).

14 avril 1789.

(*Archiv. imp.*, B. III, 41. p. 153; 174; 384-390.)

Louis-Marie, marquis d'Estourmel, maréchal de camp, chevalier de Saint-Louis, commandeur des ordres de N. D. de Mont-Carmel, et de Saint-Lazare de Jérusalem, grand bailli.
Auguste-François-Joseph Bouchetet de Neuville, écuyer et prévôt royal héréditaire de la ville et cité de Cambray, lieutenant du bailli et lieutenant général du bailliage.
Cordier de Caudry, secrétaire de l'assemblée.
Van Cappel de la Nieppe.
Le comte de Villers-au-Tertre de Maginère.
Le chevalier de Villers au Tertre de Seroin.
Le baron d'Ostrel.
Desart (de Sart) du Castelet, Sgr d'Audencourt.
Le vicomte de Coupigny.
Desgaudières (des Gaudières).
Stack (de Staack).
De Franqueville.
D'Abancourt.
De Sart de Nielle.
Villavicentio d'Aucourt.

Commission intermédiaire :

De la Nieppe (Van Cappel).
De Valcourt, ou Valicourt.
Franqueville.
D'Abancourt.
Le vicomte de Coupigny.
Cordier de Caudry.
De Sart du Castellet.

Assemblée du 14 juillet 1789 :

D'Herbais de Thun, président.
De Valicourt.
Des Gaudières.
Villavicentio.
De Franqueville.
Lenoir de Pasdeloup.
Le vicomte de Coupigny.
De Staack.
De Louverval.
De Gonnelieu.
Le Mayeur de Simmencourt.
Wattier.
De la Place.
Gigord.

(1) L'assemblée était composée de soixante-trois membres présents ou représentés. Le procès-verbal ne mentionne que les noms de ceux que nous rapportons ici dans les deux assemblées des 14 avril et 14 juillet 1789.

Fransure.
Gérard Denagle.
Mairesse de la Bruhière.
Payen de Noyan.
Le chevalier de Pronville.
De Valicourt de Serenvilliers.
De Santenay.
Le chevalier de Villavicentio.
Thieffries.
De Layens.
Pamart d'Escaufourt.
D'Herbais, vicomte de Cambray.
D'Herbais.
De Sart.

Bouchetet de Neuville, lieutenant général du bailliage.
Cordier de Caudry, secrétaire de l'ordre.

BAILLIAGE DU QUESNOY.

Procès verbal de l'Assemblée générale des trois ordres, du bailliage du Quesnoy, et des bailliages secondaires de Bouchain, Condé, Mortaigne, Saint-Amand et Valenciennes (1).

15 avril 1789.

(*Archiv. imp.* B. III. 128, p. 76, 102-108 ; 143-147).

NOBLESSE.

Marie-Alexandre-Bonaventure de Nédonchel, baron de Nédonchel, chevalier, Sgr d'Artois-Jolimet, Moreausart, Orchival, etc., vicomte de Staples et de Wolval, maréchal de camp, grand bailli d'honneur.
— Le marquis d'Aoust.
— Le duc d'Arenberg.
D'Arenberg.
— Le comte de Beaufort.
— De Beauvais.
Le chevalier de Bélesta.
— Bérenger.
— Madame de Bonisec.
Bouchetet (Bouchetet de Vendegnies-au-Bois).
— Bouchetet de Neuville.
— Madame la douairière de Bousies.
Le comte de Buat.
— De Cambier Desfontaines.
Le marquis de Carondelet.
Le vicomte de Carondelet.

(1) La liste que nous publions a été revue et complétée sur la minute du procès-verbal des archives de l'Empire, B. a. IV. 67, et sur les signatures du procès-verbal des assemblées particulières de la noblesse, B. III. p. 143.

Le baron de Carondelet des Baudegnies.
Le baron de Carondelet de Pollettes.
— L'abbé de Carondelet de Noyelles.
— Castro y Lemos.
De Caumont.
Le chevalier de Chassignolles.
— Madame de Claibrock, douairière d'Espiennes.
De Colins.
— Colins, son frère.
— Cordier de Caudry.
De Croëser.
— Madame de Croëser, sa mère.
Le duc de Croy.
D'Audé (Daudé), vicomte d'Alzon.
Dechermont (de Chermont).
— Decodeuf (Descandœuvre).
Defontaine de Croix.
Degloker (de Gloker).
Dehaut de Lassus.
— Dehaut de Pressensé, son frère.
Delaloge (Le Hardy de Laloge).
Delcambier.
— Delegosse ou Delegove.
Delocar (de Locart).
Demezières (Desmaizières).
Demezières de Thril.
— Madame Demezières, douairière du Hot.
Derамsault (de Rault de Ramsault).
— Le vicomte de Desandrouin.
— Desfontaines.
Desfontainés de la Croix.
Deshaulles.
Deshossois (Dufosset des Hossois).
— Desombies (de Qattré de Rombies).
Le comte Despiennes.
— Mademoiselle d'Espiennes.
— Mme Despiennes (la douairière d'Espiennes).
— Despiennes de la Pacquerie,
— Despinoy (la douairière d'Espinoy).
— Destreux (Merlin d'Estreux).
— Le baron de Druolle.
— Dumoulin.
— Dupont de Castille.
— D'Egmont.
— Eloy.
Le chevalier de Faucon de Villaret.
De Ferrand.
Fizeaux.
Des Fontaine de Verchin.
— Mme de Fresnoy (Desfontaines).

Gaya de Tréville.
— De Grandmond.
— De Grenet.
— Le prince de Grimperghen.
— Mme Grenet.
— De Grumelies.
— De Grumelies de Robersart.
Hamois.
Hamois du Croizié.
Hamois de Detru.
— Mme d'Harvent, ou d'Arvent.
Le comte d'Harville.
— Mme la comtesse d'Helesme.
— Le prince d'Hostein.
Jobal de Pagny.
Le comte de la Marck.
— Mme de Lannoy de Mérode.
Le marquis de la Pierre.
Le marquis de la Plesnoye.
Le Bœuf père et fils.
Le Boucq de Beaudegnies.
— Le Boucq.
Le Cocq (Le Cocq de la Fontaine).
— Le Ducq.
Le chevalier de Macdernost.
— Le comte de Maldeghem.
— Maloteau de Guernes.
Mathieu, et pour sa mère.
— De Maulde.
— Merlin d'Estreux.
— Mme la comtesse de Mérode.
— Louis-Félicien du Moin.
Monvalier Caya.
Le baron de Nédonchel.
Le chevalier de Niceville.
— Le duc d'Orléans.
O'Sullivan.
— De Payen.
Petit de Thivanches.
Le chevalier de Poisson.
— De Pollinchove.
— De Pomeirol.
De Pujol.
Le chevalier de Raincourt.
De Rémont d'Arzilmont.
— Remy.
De Ricard.
— Robersart de Cambray.
— De Rœux de Bauvois.
— Rolin, ou Raulin.

Rousseau de Launoy.
— Mme Rousseau.
Le chevalier de Saint-Aldegonde.
— De Saint-Aldegonde de Noircarmes.
De Saint-Geniez.
Le chevalier de Saint-Julien (de Bovier).
De Sars, lieutenant des maréchaux de France.
De Sars Dodrincourt.
— De Sars de Curgies.
Taffin d'Heussel.
— Thieffries de Reux.
— Le comte de Thieffries.
Le marquis de Traisnel.
Le comte de Vanderburg.
— Le comte de Vanderbruck.
— Devandrestaten (Van der Straten).
— Mlle de Vanderstraten (Van der Straten).
— Mlle de Vanderstraten de Valette.
— Vanderstraten, mineur.
— Mme de Van der Straten-Wallières.
— Van der Stratten-Monvalier.
— Le prince de Vaudemont.
— De Villers de la Bellangerie.
— De Villers.
— Mademoiselle des Walières, ou de Waziers.
— De Walters.
— Le comte de Warin Villers au Tertre.
De Waringhen de Fleury.
— Wavrechin ou Werchain, vicomte d'Escandrouin.
Le chevalier de Wéry.
— De Wéry.
Le marquis de Wignacourt.

Tableau des convocations pour la première assemblée générale des Etats de Hainaut, et parties y réunies, pour l'année 1788.

NOBLESSE.

Le duc de Croy, pour la Sgrie de Condé.
Le marquis de Trainel, pour la Sgrie de Villers.
De Preseau d'Hujemont, pour la Sgrie de Floyon.
Le vicomte du Buat, pour la Sgrie de Sassignies.
Le baron de Nédonchel, pour la Sgrie de Le Jolimets.
Le marquis de Carondelet, pour la Sgrie de Noyelles.
Le marquis de Wignacourt, pour la Sgrie de Quérenain.

Le prince d'Arenberg, comte de la Marck, pour la Sgrie de Mortaigne.
Le comte d'Espiennes pour la Sgrie de Jenlain.
Le comte de Sainte-Aldegonde fils, pour la Sgrie d'Aymeries.
Le comte de Beaufort de Mouille pour la Sgrie de Préseau.
Le comte de Sainte-Aldegonde, pour la Sgrie de Rieulay.
Le baron de Carondelet, pour la Sgrie de Potel.
Le baron de Carondelet, pour la Sgrie de Baudignies.
Le marquis de la Pierre, pour la Sgrie de la Marck.
Le comte de Vanderburg, pour la Sgrie d'Aubry.
Le chevalier de Colins pour la Sgrie de Quevrechin.
Le comte de Vanderstrade, pour la Sgrie de Cerfontaine.
Le chevalier de Bousies, pour la Sgrie de Ferrière le Petit.
Le vicomte Desandrouins, pour la Sgrie d'Haveluy.
Le comte de Gomegnies, pour la Sgrie de Gomegnies.

Fait à Valenciennes, le 5 mai 1788.

(*Archives du département du Nord à Lille, section des États de Hainaut.*)

LISTE DES DÉPUTÉS DES TROIS ORDRES

AUX ÉTATS GÉNÉRAUX DE 1789.

BAILLIAGE D'AVESNES.

Besse, curé de Saint-Aubin.

Le comte François de Sainte-Aldegonde, colonel attaché au régt de Royal-Champagne.
Préseau d'Hujemont, suppléant.

Hennet, prévot de Maubeuge.
Darche, maître de forges à Mariembourg.

BAILLIAGE DE CAMBRAY.

Bracq, curé de Ribecourt.

Le marquis d'Estourmel.
De Sart du Castellet, suppléant.

Mortier, cultivateur.
Delambre, cultivateur.

BAILLIAGE DU QUESNOY.

Renaut, curé de Preux-aux-Bois.
Barbotin, curé de Prouvy.

Le duc de Croy.
Le comte de la Marck (d'Arenberg).
Le baron de Nédonchel, grand bailli, suppléant.
Le marquis de Wignacourt, suppléant.

Gossuin, lieutenant général au bailliage.
Poncin, avocat, ancien lieutenant et maire de Bouchain.
Dubois, négociant à Saint-Amand.
Druon, cultivateur à Busignies.

GÉNÉRALITÉ DE HAINAUT ET CAMBRÉSIS.

(PAYS D'ÉTAT.)

1775. Sénac de Meilhan, chevalier, Sgr de Varennes, de Maison Rouge, de Volstin, du Bourg, etc., maître des requêtes, intendant.

Officiers des finances à Valenciennes :

Fressiniac.
Mauroy fils.
Mauroy.
De la Serre.
Geoffrion.
Notaris.
Mauroy.
Duponchel.
Desmarets,
Gallimart.

Ponts et chaussées :

Kolly de Montgazon.
Liard de Sordy.
Griffet de la Bove.
Ducorron.

BAILLIAGE DU QUESNOY.

Gossuin, lieutenant général civil et criminel.
De Bavay, lieutenant particulier.

Courville.
Bernier.
Coutereaux.
Lenglet.
De Wattines.

Gens du Roi :

Broisa, avocat du Roi.
Lalou, procureur du Roi.
Merlin, greffier.

BAILLIAGE D'AVESNES.

Le comte de Verceil, bailli d'honneur.
Pillot, lieutenant général civil et criminel.
Vandremarq, lieutenant particulier.
Hazard, conseiller.
De Lannoy, procureur du Roi.
Brevierre, greffier.

CHAPITRES NOBLES DE DAMES.

AVESNES.

Les preuves de noblesse étaient de huit quartiers, dont quatre du côté paternel et quatre du côté maternel.
1783. Mme de Villiers au Tertre, abbesse.

MAUBEUGE.

Les preuves de noblesse étaient de huit générations ascendantes de noblesse militaire et chevaleresque, dont l'origine devait se perdre sans interruption dans la nuit des temps.

La comtesse de Lannoy, abbesse.

De Vignacourt.
De Barégne.
De Lilaure.
D'Yve.
De Soie.
De Fage.
De Mérode.
De Ghistelle.
De Mérode.
De Ghistelle.
De Haultepenne.
D'Oultremont.
De Varenne.
D'Andelot.
D'Andelot.
De Varenne.
De Rodoan.
De Rodoan.
De Coucy.
De Coucy de Bercy.
Du Hamel.
Du Hamel.
De Vanderstraten.
De Vanderstraten.
De Berlo.
De Berlo.
De Béthune.
De Lasteyrie du Saillant.
De Lasteyrie du Saillant.

PARIS — IMPRIMERIE DE DUBUISSON ET Ce, 5, RUE COQ-HÉRON.

www.ingramcontent.com/pod-product-compliance
Lightning Source LLC
Chambersburg PA
CBHW072030290326
41934CB00010BA/2271